JN411325

바람의 리허설

국립중앙도서관 출판시도서목록(CIP)

바람의 리허설 : 박희호 시집
지은이: 박희호. -- 서울 : 화남, 2007 p. ; cm. -- (화남의 시집 ; 9)

ISBN 978-89-90553-72-0 02810 : ₩ 6000

811.6-KDC4
895.715-DDC21 CIP2007000476

화남의 시집 ⑨

바람의 리허설

초판 1쇄 인쇄_2007년 2월 15일
초판 1쇄 발행_2007년 2월 21일

지은이_박희호
펴낸이_방남수
펴낸곳_화남
(121-838) 서울시 마포구 서교동 366-30 목천빌딩 2층
전화_(02)3142~4787 팩스_(02)3142~4784
등록_제2-1831호(1994.9.26)
e-mail_hwanambang@hanmail.net

편집고문_ 김영현
기획 · 편집위원_이재무 이승철 현준만 이상운 조성황
디자인 · 편집_안인복 정고은

ISBN 978-89-90553-72-0 02810
값 6,000원

화남의 시집 ⑨

바람의 리허설

박희호 시집

화남

自序

신새벽, 늘 혼자였다
30년 공간은 천길 벼랑과 같아 그 수심을
알 수 없었으나 언제부터인지 깊이깊이 스미고 싶었다.
섣불리 스미지 못한 낱알,
여물지 못한 낱알을 주워 바람 한 점 없는
적막한 풍경을 그려 보았다
한 번도 가 닿은 적 없는 고단한 공간에서
간간이 침묵의 매듭을 푸는
진물이 흥건한 가슴이고 싶었다.

아픈 나보다 더 아파했던 사람과 소중한 이들에게
그리고 사랑에 허기진 세 딸에게
얼키설키 엮인 너와집 한 채,
채운재를 끝까지 가꾸어내지 못한 회한으로
서까래를 올린다.

2006년 2월
남양주 천마산 아래서
박희호

차례

제1부 _ 비에 젖은 구두

제2부 _ 낙엽, 그 문장

제3부 _ 일출과 일몰에 대한 단상

제4부_ 양말을 신을 때면

제1부

비에 젖은 구두

모시조개

그 모진 서래질에 천년을 갇혀
뱃속 깊이 키워온 붉은 속살 토해 놓고
빈껍데기 허기 우려낸
바다 속 기억
음표마다 뜨거운 노래가 되었다
빗장 열린 허공을 휘감아
파도를 끌어안고
혼절한 울음, 그 울음이 하얗다.

비에 젖은 구두

비에 젖은 구두를 신는다. 발채*를 졌던 힘겨운 무게 틈에서 혈관이 팽팽하게 일어선다 힘껏 움츠린 몸으로 고집을 부린다

굳은살이 옹이진 노동으로 충혈된 발, 기우뚱 기울어진다

발가락 관절이 삐걱거린다 부채 주름에 갇힌 바람 같은 비명이 푸른 새벽을 깨운다 제 속에 들어온 발, 꼭 여며잡는 소 울음.

* 볏단이나 보릿단 등을 소에 실어 옮길 때 사용하는 기구.

옛집

치렁치렁한 바람이 아무렇게나 속살을 더듬어도
얼굴 한번 붉히지 않는 담쟁이덩굴
그 담 안에 뼈만 앙상한
유년의 옛집 한 채 삭아가고 있다

벽속에서 자라는 거미줄의 이끼는
툇마루에 기대선 줄 없는
기타의 울림통을 찢어 잎을 키우고
굴욕의 울음이 밴 무늬 하나
소 여물통엔 누런 구름이 잘 익어가고 있다

집은 풍덩 우물 속에 그림자를 묻고
시들어버린 알전구에서 어둠을 키운다
밭뙈기를 둘러매던 그을린 쟁기는
삭아 내린 서까래를 자못 방관만 하고
영혼이 새나간 집을 옴팍지게 에둘던 골목은
이제 벽을 타고 오르는 흉터가 되었다
서랍처럼 닫힌 대문 안에서 풍금소리가 들린다

집이 살아있다
담쟁이덩굴 찢기는 소리

폐타이어

팽팽하게 부풀었던 바람
왁자한 틈 사이로 줄줄이 어둠이 출렁인다

황톳내 물씬한 길의 중력을 버텨낸 한 생애 마지막은 품이 되었다 절벽에서
독수리에게 간을 쪼인 프로메테우스 고통이 풍겨오는 서식지에서 한때
절정의 폭력자였던 그가 달려온 쾌감, 그 가속의 풍경을 기억하고 있을까

문득, 풍덩 물소리가 난다

누구에게나 한 생生의 절정이 있고 또한 막다른 골목길이 있다 속도의 전율
위에 움푹 웅덩이가 패여 있는 것은 무릇 잃고 버려진 후에야 품이 생긴다는 것이다
떼지어 몰려온 민들레 홀씨는 품과 길만 기억할 뿐 폭력은 기억하지 않는다

이제 반쯤 묻혀 허덜한 시간을 견디는 생의 종착역

생生은 늘 기억되지 않을 때
또각또각 깨달음을 통역한다.

호명呼名

눈밭 속에서
칼바람 속에서
呼名된 것들이 있다

시퍼렇게 꿈틀대는 것들
그들의 色은 고유한 것
개별적이지 않은 것
절망에 맞서 분노하는 것

다만 그들은 무엇인가에 능욕당했을 것이다

눈보라에 더 뾰족해진 것들
그래서 더 강해진 것들
그 어떤 고통에도 감염되지 않은 言語를 품은
여리디여린 싹들

땅속에서 꿈틀대는
연둣빛 혈관에서

대답이 들린다
저기 봄이 오고 있지 아니한가.

덤

그 여름날 워낙 좋아하는 터라
물이 별로 좋지 않은 자두 오천 원 어치를 샀다
몸빼 입고 검게 그을린
재래시장 노점상 아주머니는
덤이라며
반은 물렁한 자두 너댓개를
더 담아준다
집에 와서
검정비닐봉지를 열자
확 풍겨오는 진한 단내
상한 육신에서 남은 그 몸내를
성한 몸에 척척 휘감은
아주머니가 준 덤, 자두 몇 개만 아니었다
신기하게도 물렁해진 상한 자두가
더 달다는 것은
영혼이 떠나는 순간 남겨지는 덤인 것이다
나도 언젠가 몸이 푸석푸석 상할 때
넋은 너에게 짙은 향기로 남고 싶다

본적本籍

니가 서럽도록 그리워
목울대를 타고 넘는 눈물은
너로 인해 친친 동여매진
나이테의 조밀한 울음방이 있기 때문이다.

내가 너를 아슴한 새벽녘까지
숨을 멈추는 그날까지도
허적한 내가 가는 길에 동행하는 것은
함부로 나를 본적이 없다는 침묵 때문이다

니는 언제나 그 자리에서
토담집이 새가 되어 훨훨 날아도
싸락눈 맞으며, 내 발길 잦아들어도
속속들이 슬픔을 에둘러 삼키고 있을 믿음 때문이다.

가슴에 품어도
품어도 서러운 이
울어도 울어도

소소한 울음인 너, 시퍼런 모가지
달무리에 그림자 져도
내 붉은 심장에 선명한 문패
걸어둘 이름이여

가을 저격수

그의 왼쪽 눈썹이 지긋이 감기면 조준경 안 풍경이 순간 움찔한다
눈꺼풀 속으로 빨려 들어간 붉은 나뭇잎

이파리 배후에 바람이 인다.

영점에서 비껴간 중심은 하늘을 추락시키고
추락한 하늘은 어둠의 미이라가 된다
서서히 눈을 뜨는 박제된 죽음, 그 안에 멈춘 시간이
기어코 검은 표적이 된다.

아득하게 멈춘 호흡의 끄트머리엔 증오는 없다
다만 한 치의 오차도 용납되지 않는 팽팽한 묘사만 있을 뿐

조준보다 더 빠른 속도로 바람이 지나가고
그의 야윈 시간은 궤도를 따라 어둠의 알리바이를 추락시킨다
몰입된 화면은 닫히고

검지의 힘에 밀린 바람은 한 풍경을 허물고
쓸쓸한 배후를 완성시킨다.

바람의 리허설

입주가 시작된 남양주 신도시아파트 공터에 구부정한 몸을
벽에 기댄 채 기다림에 지친 피아노 한 대가 서 있다
바람이 드나들 때마다 위태로운 모습, 가만히 들여다보니
다리 하나가 없다. 공터는 언제고 불구의 공간이다

숱한 등짝 위선의 기억을 지우려는 듯
뼈대와 분리된 침대
그리고 누군가를 기다리며 쉼터가 되었던 의자와
까만 비늘이 성성한 양은냄비, 코끼리표밥통
세숫대야, 예리한 상처가 선명한 거울까지
이들의 나이테에서 끓는 물소리가 들린다

입주를 거부당한
저 오래된 몸에서 통증이 피어난다

언젠가는 모두가 겪어야할 상처의 유물
우리는 버려질 때

또는 잊혀 질 때
바람의 음표, 그 건반 위에 있는 대본을 읽는다.
윙윙 폐허의 몸을 핥는
바람은 공터를 무대로 재생의
리허설을 준비중이다

새벽 산

채 걷히지 않은 안개 사이로
개울에 얼비친 산이 붉다
나른해 보이는 골짜기마다
저 촉촉함은 무엇인가
밤새 산은 무슨 일이 있었기에
여태, 새벽 곤함에 빠져 있는 건가

새벽 산, 산은 여인을 닮았다

내 손길 가차이서 언제나 붉던 여인
고요히 잠든 새벽이면
숨소리마저 촉촉하던 그 여인이 산을 닮았다
스치는 손길마다
미소가 단풍 들든 여인의 새벽
이즈음이면 가을이 되었으리

산으로 이름 지어진 해마다
가을을 품었음인데

여직 저리 붉히다니, 그 여인도 단풍 들었을까

섬세한 산
옹골차게 가을을 품은 산
늘 새벽이 곤하다

아버지의 눈물

함경북도 경원군 안농면 세농리가 아버지의 고향이시다.
이정표를 찾아 해매이신 23년의 관절은 야위어 삐걱거렸다
빛 바랜 망향, 그 상념에 잠기는 동안
어둠은 야금야금 아버지 세월을 갉아 실금을 그었다
정권아치들 주사위 던지는 소리에
아버지 벽은 풀썩 무너져 내려 비릿한 파도소리가 되었다.
열리고 닫힌 서랍 같은 귀향소리 앙상하게 푸석거린 날,
아버지 눈물은 부스러기같이 함경도 그곳으로 이양되고 있었다
어머니가 물으시면 "큰 아들 보고 싶소."
하얀 손사래 끝에 이는 바람 어머니 안솔기에 머물 때
"고향가고 싶소." "응" 받은대답 한마디
뒷산 솔가지에 걸어놓고 무더기로 쌓인 꿈길 바랑, 헐렁하게 풀어 놓은 채
아버지는 덩그러니 그림자 내려 동해의 멧자락을 베고 누우셨다.

코다리

질척한 알몸에서 바다가 걸어나와
흰 격자 냉동고에 멈칫멈칫 수평선을 푼다
무엇인가 연신 깜박거리는
눈초리의 흔들림, 참 많이도 헤엄쳐 온 길
어느 파도 거품을 밟고
어느 그물 경계를 넘어
꽉 다문 입술 사이로 바다가 쏟아진다
서서히 굳어가는 몸, 몸은 이미 새가 되어 날아오른다
바다를 끌어안고 살았던 저 힘은 본능이었으리

경련, 경련이 일어난다. MRI 형상, 내 머릿속은 하얗다 내 언어의 입술은 딱딱하고 딱딱하다 잘 적셔지지 않는 길, 나는 날지 못하는 나비를 키우며 가끔 그 길에서 경련한다 갑자기 한 가지 질문이 구부정하게 걸어 나온다. 바다로 돌아가겠다는 시퍼런 코다리의 요동,

내 뇌사진 속에는 날지 못하는 수많은 나비들이 신호를 기다린다.

임하댐, 그 깊은 곳에

능구렁이 같은 누런 아가리는 아직도 풍경을 삼키고 있다
수풀은 뭉텅뭉텅 피어나는 안개를 수의로 껴입고 새벽을
염하고 있다. 누가 저 눅눅함을 물의 환상이라 하는가
뭍으로, 뭍으로 오르려는 댐의 깊은 곳, 그곳에 정박한
풍경은 그늘이 없다 미처 한 가닥 햇살이 꽂히기도 전,
잔뜩 웅크린 황톳물에 잠긴 고샅길 늙은 고욤나무 밑둥
처연한 초가집 퀭한 아궁이에는 식은 숯덩이만 까무룩
하고
메기의 수염은 온돌 감각을 느끼지 못한다 서럽도록 그
리운
것은 바람벽뿐이 아니다 풍경은 그렇게 자유로이 하현
달을
그리워한다 수런거리는 바람이 지날 때마다 안개 수의
자락은
군데군데 하얗게 잘려 섬을 만들고 있다

한 여자의 얕은 발자국이
하나의 무늬가 되기 위해 그 깊은 바닥을 기어 나와

댐 외곽, 냉소적 붉은 풍차가 도는
덴마크 모텔 417호실 앞에 섰다
어떤 질문도 하지 못한 채
구렁이 아가리 하얀 이빨에 서러운 묘비명을 쓰고 있다
댐은 여직 누런 허물을 벗지 못하고
생매장 된 풍경이 봉분처럼 쌓인 수궁의 문패 위로
불치의 그리움 하나 방생한다

안개

농익은 살내음 확 풍겨오는 새벽
어둠을 품에서 애써 내려놓고 가파른 천마산자락을
에둘러 품고 있다

허름한 치맛끈 여며
정갈한 물방울 경전 빼곡한 몸
그러나 품은 넉넉하다
희디흰 섬섬옥수 목덜미 스치면
한 곳 디딜 데 없는
달뜨도록 고운 몸, 몸 깊숙이 사정한다.
너무도 태연한 품
그 품에서 벗어나 또 어느 초라한
자궁에 착상되어지기 위해
온갖 수구이념의 굴레와
양키냄새 물씬한 활자거리를 유영한다.
기쁨이거나
슬픔이거나
분노이거나

해거름 동안 잉태되어질 독毒,
고독孤獨의 탯줄을 스스로 잘라야 하는
버거운 길이 선명하다.

나팔꽃

출근길, 어느 움막집 울타리에
보랏빛 엷은 입술이 함박 열렸다
촉촉하고 파리한 입술
심장이 쿵쾅쿵쾅 숨이 허공에 닿는다
등짝에 손톱자국 내며
부르르 떨던 그녀의 실루엣처럼 안과 밖
흙담 사타구니를 옴팍지게 휘감아
귓불까지 치달은 그곳
빨랫줄엔 원색의 초라한 속옷이
어둠을 털어내고 그 아래 탱탱하게 발기된
견우자牽牛子*
바람을 밀치고 있다
고단하고 무거운 누더기 걸친
절정에서 시든 꿈
하오의 햇살에 꽃그늘이 되리라
입술, 입술이여
그날 못 다 핀 그리운 입술이여

---

*나팔꽃 씨로서 한약재로 사용한다.

도라산역

불시착한 은하처럼 숨듯이 엎드린 철로 위로 텅 빈 고요를 적재한 무개차 한 대가 제 힘을 다해 멈추어 있다 이따금 끊기다 이어지는 선명한 그리움의 길, 갈 곳 없는 시간이 침묵 아래 키 낮추어 피어날 때 기다림은 그렇게 수많은 슬픔을 비워내고서야 가벼워지는 것, 제국의 고삐에 메여 유효기간이 지난 이데올로기 홑이불 덮고 여직 잠꼬대중인 꿈길이여 조국이여 이젠 알몸으로 저 긴 산 그림자에 기대 서 보자꾸나. 군데군데 찢긴 이정표, 수없이 떠났다 되돌아온 여정, 중력 때문인가 문득 어지럽다 상흔의 끈만 풀어준다면 금방이라도 기적을 울릴 것 같은 무개차 그 무개차에 실린 노을 천천히 돌아눕는다.

제2부

낙엽, 그 문장

유리창

이른 아침 서너 살배기 햇살이 출렁이는 유리창을 가만히 들여다본다 소파는 비어있다 아니다 햇살이 앉아 있다 유리창은 햇빛에게 별다른 장벽이 아니다 그러나 환히 보이는 안과 밖, 유린당하는 고통이 있다 신음소리가 들리는 잡힐 듯 선명한 저 경계, 그 빤히 보이는 경계에 갇혀 윙윙거리는 파리에게 유리창문은 38철책이다 통과하는 순간 국가보안법 제6조 제1항 잠입, 탈출죄로 구속기소 F 킬라에 의해 즉결 처분된다 유리창을 통과하며 상처하나 없던 햇살이 빛을 다 쏟고 자진했다. 고통은 날刀이 지나간 다음 오는 것, 어금니를 꽉 다물고 무표정한 나날을 지탱한 임진강변 쇠울타리 검붉은 녹에도 5월 싹이 돋는다 비로소 보이는 저 희미한 5월의 싹, 그 그늘 아래 뉘어 두고 유리창 밖을 아는 유일한 목격자인 우리가 창문을 열지 않고도 들고 날 수 있는 길을 만들어야 한다 조국의 유리창엔 결코 날刀이 없다.

청량리동 588-1번지

비릿한 침묵이 골방에서 이름을 덮는다. 쪽방에선 더 이상 누구에게도 이름이 존재하지 않는다. 동시에 그녀에겐 겹겹 이름이 존재한다. 더욱 중요한 사실은 그 많은 이름에도 불구하고 그녀는 이름이 없다 다만 기억의 형태로 존재하는 문장, 그 문장이 그녀의 이름이며 붉은 조명이 그녀의 창이다 하얗게 터져 나오는 그녀의 비명은 윤곽이 없다 어둠이 촘촘히 심어진 그녀의 젖무덤 아래는 지하계단이 있다 까칠까칠하게 스미는 천둥번개에도 까무러치지 않으려 계단입구에는 엷은 한숨이 씹다 버린 껌으로 시퍼런 알전구를 켜두었다 그녀의 늑골엔 웅크린 자국이 선명하다 청량리동 588-1번지엔 빈 구멍을 찾아 날아드는 새가 있다 새는 흔들리며 울어대는 소리를 품고 그 소리를 부지런히 먹고 배설한다. 그녀는 소리를 배웅한다. 그렇게 이름은 바람처럼 빠져나가고 단어 하나만 그녀의 창을 연다. 멀리서 입술과 입술이 포개진 휘파람소리가 계단을 통과해 그녀의 하얀배를 쓰다듬고 기억된 문장은 날갯죽지 아래 붉게 자란다.

감나무 꿈을 보다

감나무 한 그루가
비스듬히 기대선 절집 돌담이 디미는
관절을 위해 제 몸 움푹 고랑을 만들었다
담을 기어 넘어
푸른 촉수 물관에 디민
절집 마당 담쟁이를 위해
시드는 우듬지 아랑곳없이 여름내
잎을 천장에 엮어 그늘 농사를 짓는다
풍경소리 서늘한 바람벽 너머
무진 돌팔매에도 시퍼런 멍을 익혔다
울컥울컥 육즙으로 삭힌
만삭의 가을걷이 툭 떨구어
동자승 허기진 목탁소리를 채운다
자기를 가둬 세운 돌담 허물어 그늘의 영토
확장하려는 야욕도 없이
바람벽 높이 쌓여오면
서슴없이 가지 하나 성큼 아궁이에 보시하는
비폭력 평화주의

너끈히 길손 까치에게
육즙을 진상하는 감나무 아래서
마틴 루터 킹 목사의 하얀 "꿈" 이 보인다
담 넘어 뻗은 가지에
더 많은 꽃을 피운,

원고지

— 詩人들께 고함

그때 실천농군 신동엽은
짚신 아닌 군화 신고 이랑을 배회하는
거짓 농부에게 "껍데기는 가라" 고
일갈한 메아리가 여직 선명하다

한때 이 밭에 바람이 오기 전
먼저 누워버린 어색한 풀 심은 김수영은
바람을 불러 세워둔 적 있다
그러나 그 풀은 이제 다올찬 뿌리 내려
어떤 폭풍우에도 견뎌 낼 만큼 숲으로 무성하다

또 한때
안도섭은 고랑 고랑마다
민족이 아파, 조국이 서러워 지리산이 흘린
눈물 모아 봄의 씨눈 틔우고
녹두새 우지지는 뜨락에 전봉준사당 돌탑을 쌓았다

뿐이던가.

실천농부 김지하는
담시라는 농사법으로 파종 한다
당대의 도적 소굴에서 알곡 훔쳐 유신 향한
불꽃 같은 서곡을 피워
여문 열매, 자유의 糖度 훙건한
五賊도 있었다.

그러나 한때
칸칸마다 젊은 피 끌어 모아
꽃상여 만들고 그 홀씨에 조국의 영혼 무등 태워
태평양 질푸름에 자진시킨 서정주의
밭갈이도 있었다
부유한 군부독재 새장에서
앵무새 혓바닥 되어 거둔 곡식마다
쭉정이가 되었다

곳간마다
조국의 슬픈 두엄 넘쳐나건만

통일 냄새 지독히 싫어하는
제국농부 컹컹거림에 소작농 아비들은
조간신문 사설처럼 파지를 쌓고 있다

울음

김포공항에서 제방 길 따라 강화로 향하고 있었다.

잎에서 떨어진 빗물 같은 울음
활짝 펴지도 못한 채 동그랗게 말려
제방 철책너머로 저물고 있다

차를 세우고 몇 발짝 떼어놓자
뚝 그치는 울음
식어버린 찻잔에서 한 번 더 우려낸 찻잎처럼,
10월의 갯바람에
점점 투명해지는 저 매미의 울음
더없이 엷어져
순식간에 저문 그리움을
그 여자도 아마 저렇게 비워 냈을 것이다

퇴색한 풍경 하나 거느리고
남루한 노을 속에서
떠나보낼 수 없는 수많은 그리움을 생각한다.

영민한 민족의 지도자
  폭압에 자지러진 열사들
    미선이와 같은 선홍의 꽃망울, 어찌 울음을 그치랴
선 채로 나는 낡아가고 있었다

그때, 또 한 울음이 피어오른다.

얼마나 많은 슬픔을 품고 있을지 짐작도 할 수 없는
저 철채찍, 그래 찢겨서
하얀 뼈가 성성하드라도 잠시 울기만 하자
울음이 떠날 그날까지…

내 안에 굳게 갇힌
물컹한 유언 같은 슬픔
그 슬픔으로 여직 떠나지 못한
울음 하나를 지운다.

외로워지는 것도 후유증이다

그는 의자에 앉아 다 토해버려 속이 텅 빈 것 같은 8호선 전철 암사행을 기다린다. 날선 지팡이 곧추세우고 익사한 꿈의 덤불속에 허우적대는 한때 세월을 모질게 태워 발끝으로 비벼 끈다. 그는 어느 전철역쯤 외로워 질 수 있을까 그가 외로워지려면 왼쪽 다리에 선명한 바퀴자국을 인정해야 할 것이다. 그의 다리는 도시의 도로가 차출해 갔다. 역병이 창궐하듯 뒤엉킨 머리를 쓸어 넘기고 무게를 덜어내어 가벼워진 몸을 전철 안으로 밀어 넣는다. 유령처럼 덮쳐오는 여인의 살 냄새, 옹이하나 빠져나간 적막이 흐르는 상실의 육즙에 중심을 세운다. 여직 꿈은 그의 생애에 나이테를 채우고 또각 부러진 벼랑 끝에서 외발자국마다 피어나는 외로움을 끌고 그는 선사유적지 옆 한 토방에서 외등外燈을 켠다

매발톱꽃

참 지독한 자존심을 보았다

원래 소나무 그늘 아래
들까 말까한 빛가리 곁눈질하며
온갖 매춘을 일삼던 고것을
화원에서 7천원에 사다가 실내 화단에 심은 뒤
그 속셈을 엿보고 있었다
날카로운 매발톱을 꽃 잔등에 숨기고
키 낮은 들꽃을 희롱하는 폼새,
영락없는 희대의 카사노바였어
글쎄, 고것이 지 맘을 도둑당했다 싶었는지
제 몸 자줏빛으로 붉히더니
두고보자 벼른 지 한 주 사이에
나는 눈길을 거두었고 고것은 일찌감치 시들고 말았다
하기사 날 사로잡아봐야
기껏 언제 삭제될지 모를 피사체의 언어
그 망막 깊숙이 옮겨둘
번거로움이 싫었던 것인지 모를 일이다.

지금 시드는 것이
지독한 자존심을 한해 더 피울 수 있음을 나는 잊고 있었다
그러기에 수 없이 훼손된
도둑당한 맘을 안고
끈질기게 시들지 못한 내가 더 지독함을
고것이 시든 후 알았다.

턱도 없이
그 보랏빛 속살 부비며
하룻밤 비릿한 정사를 꿈꾼 마음
확, 붉어 글쎄 고것이
내 속셈 모른 척, 본 체 만 체 시든 대궁에서
한 톨 풀씨의 숨소리를 듣는다.

---

*다른 종간에 교잡이 잘되어 쉽게 수정을 이루는 매발톱꽃은 자기 꽃가루보다 남의 꽃가루를 더 좋아한다하여 중국에서는 매춘화(賣春花)로 불리기도 한다.

낡은 가구

새소리와
바람소리를 비워내고
펄떡이던 숲의 심장소리를 규격품에 묻었던
낡은 가구의 마지막 소리,

삐걱거림이
비탈 담장에 겨우 버티고 섰다

잘 맞추어진 아귀에
엷은 신음소리마저 제지당했던 틈,
그 틈에 소리가 배어있다
묻혔던 숲의 심장소리가 피어나고 있다

소리가 있는 모든 것은
그것들에 틈이 있다는 것은
한 세상의 소리가 깨어난다는 것일지 모른다

모든 것의

마지막에 나는 소리는 소음이 아니라
싱싱한 울림이다

낡은 가구에게서 숲의 심장소리를 듣는다.

철길에 내리는 비

침목을 베고 누운 끊긴 시간의 끄트머리는 보이지 않는다. 한 길과 또 한 길, 그 길은 버려짐으로 속도를 장악하고 있다 지천에 매달린 추억 틈새마다 침묵의 내력을 밝히는 4월의 비가 촘촘히 스미고 있다. 이제사 나는 까마득한 유년의 길을 더듬거리며 등걸에 지고 있던 집 한 채를 내린다 유물처럼 너덜너덜한 벽에 앙상하게 묻힌 길, 그 길을 버림으로 인화하고 싶지 않은 추억을 포기한다. 철길에 내리는 4월 비, 이 피사체를 찍어 전송할 언어, 나의 詩곳간엔 언어가 상실되었다 어둠이 와도 작동되지 않는 가로등 같은 이미지가 혼자 젖고 철길은 결코 그리움을 사칭하지 않는다

낚시

강바닥에서 보내오는
희미한 타전이기도한 이것은
수면 경계에서 파장의 신호가 된다.
긴 기다림에 서걱거리는
마른 잎이 되어서야 수신할 수 있는 부호이다

참붕어,
참붕어가 보내는 암호
이 암호의 해독이야 말로
강을 낚는 손맛이라는 것이지
잽싸게 감아올린 릴에 먹물 같은 어둠을 문 채
물가에 나온 반달이
한 生을 퍼덕인다

나는 어느 生의 미늘을 물고
지천명을 퍼덕였는가
꺼칠한 목덜미에 얇디얇은 강 무늬가 스밀 때
나는 강의 아가미에서

조심스럽게 낚시 바늘을 뽑아
뜰채에 담는다

사진관

사진관에서
내 사유와는 무관하게 설정된
무대와 조명 앞에 앉았다
불씨가 말라버린 호롱처럼
추억에 시간에
혹은 그리움에 기대어온 마음을
은밀히 더듬고 있다
문득 나를 응시하는 카메라 렌즈에 촉촉한
이슬이 맺히고
내 영혼의 짧은 쉼표마저
정확히 읽어내는 사진기 앞에서
기어코 마음의 축이 흔들리는 갈등까지
포착 당하고 만다
칩에 기억되는
목덜미가 하얀 유전자
인화지에 무성하게 피어나고
플래시가 터질 때 마다
조심스레 뜨는 별 하나, 그 사이로
익명의 그리움이 기울어진다

낙엽, 그 문장

외로워보면 알 수 있는 것이 있다
침묵해보면 알 수 있는 것이 있다

붉게 타오르면서도
갓맑은 풀잎 하나 태워버릴 수 없는 화염
외로운 침묵으로 바라보아야
그것이 불꽃이라는 것을 알 수 있다

타올라도 용암처럼
흐르지 않는 삶,
가을 문장 채워 피어나는 층층 겹겹

저 화염은
외로워야
침묵해야
읽을 수 있는 가을 초대장
낙엽, 그 영혼을 읽을 수 있다

바다에서

내 누군가 용서하고 싶은 날
바다로 간다

내 유전인자는 심해로부터 진화를 거듭해
뭍으로 오른 가시 많은 물고기였는지 모른다

나는 늘 가시를 품고 산다
피를 철철 흘렸던 아픈 기억
그 섬뜩한 칼끝의 예리함을 안고 산다

내 품 가시에 찔려
선혈이 핀 누군가 눈물을
씻고픈 날
난 바다로 간다

바다가 나를 다 받아 주듯이
누군가 용서하고 싶은 날
용서하며 울고 싶은 날

마침내 품속 가시에 내가 찔려
가을바다를 서성인다.

풀씨

등산 바지주머니에
까실까실한 알갱이 하나,
산행 중에 감쪽같이 숨어 든 풀씨였다

내 몸에 흐르는 물소리를 들었을까
내 몸에 물길이 있음을 알았을까

어쩐다
내 몸엔 탁한 물이 순환되는
길이 있었을 뿐인데
풍기는 흙내음도, 발아시킨 흔적도 없으니
풀씨,
풀씨는 내 몸이 얼마나 낯설까

언젠가 나도
숨어들어 뿌리내리고 싶었던 곳이 있었다
그 뿌리가 어디에 있는지 생각지 않겠다. 다시
흐를 수 없는 물길, 툭 끊긴 물소리를 듣는다.

해국海菊

소금바람 섬섬한
절벽에 서서
짙 푸른빛 떠나보낸 바다 그리워
채석장 척박함
잊은 향기여

잎마다 성근
짠 내음 품어 안고
침몰하는 가을무늬
온몸에 새겨
샛노란 고명 촘촘이 여무는
바다에 젖지 않을
외로운 그대

풀벌레

내 발자국이 지우개였을까

어둑한 논둑길을 걷는 걸음마다
풀벌레 울음소리 하얗게 지워지고 있다
발아래 깊어지는 것은
고요뿐 아니라, 못의 깊이가 더해지고
그 깊이에 이르러 기어코 메워지는 그리움 하나

문득, 멈춰 뒤돌아보자
비로소 나를 지우는 저 풀벌레 울음소리
달팽이관에 물 파장이 인다
왁자하니 되살아나는 그믐밤
댓살 몇 개에 지탱되는 식어버린 체온이 두렵다

나는 그 길을
벌써 지나쳐 어둠을 타전하는
가로등에 기대섰건만
바짓가랑이에 흥건한 풀벌레 울음소리
줄기차게 나를 지운다
내가 지워진다.

신문지 한 장

2005년 7월 7일자 조간신문이 지하도 불빛아래 새어나온 한 사내의 잠을 꼭 여미고 있다 이른 새벽, 부챗살 접듯 갈지자로 걷고 있는 여자의 날카로운 하이힐 소리가 콕콕 사내의 꿈을 찍는다

순간 사내의 잠이 문지방을 넘는다

밥보다 따뜻한 잠을 한 가득 입에 문 사내, 아랫도리 허기가 우락부락 매섭게 총구를 겨눈다. 새벽 줌 렌즈가 남아있는 가로등빛을 찍어간다 찬 냉기가 밤새 훑은 지난 조간신문 어디에도 사내가 정박할 곳은 없다 장맛비만 그의 내력을 적실 뿐, 밤사이 현상된 사내의 꿈은 더 이상 배경이 아니다

넘치는 도시 풍요는 사내의 희망을 무책임하게 장악하고 있다. 녹슨 온갖 공약으로 못질된 창문은 사내가 빠져나갈 틈을 주지 않는다. 신문지 한 장 아래 웅크린 사내의 집이 푸석푸석 눈을 비빈다

런던 시내
연쇄폭탄테러 기사는
사내에겐 그저 짙은 잉크 냄새일 뿐이다

3월을 기다리며

하얀 소복 같은 눈발이
사내 가슴팍에 짓눌린 아낙의 설움처럼
질식한 촛농이 되었다

발목이 시리도록 피운
연둣빛 기도문 사이로 어둠이 걷히기를
설득하던 별빛 호미를 들었다
눈바람에 스치운
처마 아래 시래기는
여직 온몸에 풋내를 띠고 있다

嚴冬의 길을 걷는
절룩이는 하루, 하루
무엇을 찾아 어디로 가려는가
아, 魂아
새벽이 오기 전 보리밭으로 가자

거센 바람에 저항한

초가집 호롱불을 보아라
그날까지
오직 그날까지
몸은 심지가 되리니

첫 닭이 울지 않느냐

얼음장 밑으로
흐르는 공명, 3월이 저쯤인가 보다
웅크린 혈관 사이로
초록물이 돈다.

제3부

일출과 일몰에 대한 단상

병상일지 1

허공의 빈 나뭇가지를 붙들지 못해
겨울밤 바람은 저리도 서럽게 우는가 보다

이 세상 모든 것
그들은 붙들지 못해
또는 잡을 수 없어 우는 것이라는데
— 우는 것이라는데…

호수는 밤에 담긴 달을
담아둘 수 없어 새벽녘 풀잎에
눈물을 흘리는 것이고
호숫가 언덕아래 마른 풀잎은 스치는 바람
그 한 자락을 붙들지 못해 우는 것이라면
— 그래서 듣는 것이라면…

이별로 인해 생기는
조금씩 생기는 얼룩은 붙들지 못한 자, 그자의 날刀이 되리라

이 막막한 지상에 시한부 선고가 전이되는 날
그날은 아마 김씨도
붙들지 못해 우는 바람소릴 들을 것이다
어렴풋 병실 밖에서
뿌리침 없이 안기는 소리를 듣는다.

누군가 잡아준다면 능히 백년은 쉬어 가련만
우린 오직 붙들지 못해 우는 것
— 그래서 우리는 우는 것

병상일지 2

— 응급실에서

끔찍한 호스가 식도 구석구석을
헤집고 길을 내는 동안 기어코 인내심은
무너지고 말았어, 빌어먹을…

순간 골목은
침묵이 가득한 터널이었지
골목 담벼락 밑엔 꼭꼭 여며진 고양이 울음이 자라고
달빛에 머리칼을 쓸어 넘긴
혼미한 의식은 투명한 호스 끝
그 뿌리로 흐르는 식염수 웅얼거림을 듣고 있었어
침묵의 수면을 다스린
조금씩 깊고 무거워지는
누구의 귀에도 닿은 적 없는 진실

아, 아파서 견딜 수 없어
차라리 허겁지겁 죽겠다. 호스를 빼줘
애닮은 생존에의 집착의 끝 자락에
더덕더덕 진실이 난무하는 밤

하얀 나비떼들이 발광하듯 몰려들었었지
바람을 껴입은 수의가 되려는 듯
식염수에서 씻겨 나오는 고양이 허기 새새마다
밤마다 채운 선연한 독기 위로
비릿한 이름이
하얀 비명같이 출렁이는 먼 끝
그 길이 휘었던 곳에
문득 내가 서 있다

병상일지 3

내 안에 어느 날부터
나 없는 움막 한 채가 있습니다.

움막의 벽
뼈 마디사이에 슬그머니 발을 디민
짐승, 내 지분의 공간을 허물고 있습니다
내 꿈 빗장을 열고
고른 숨결에 파랑을 일어나게 하고
의지의 울타리를 허무는
짐승의 상형문자는 ㄴㅗㅣㄱㅕㅇㅅㅐㄱ입니다

내 귀가 듣는 맑은 종소리
수신을 방해합니다
내 눈이 보는 빛의 경련
신음소리를 듣게 합니다
내 말言의 곧은 길에
듬성듬성 거친 이랑을 칩니다
헛간 깊숙이 웅크리고 절규하는 치유의

울부짖음을 듣고 있는
내 안에 나 없는 움막의 주인
그러나 그 짐승이 떠나면
움막은 푸석 주저앉고 말 것 같아
움막이 벽이 되길 기다립니다
혹, 잠들면 곱게 빗질하여 떠나보내겠습니다

벽이 되기까지엔
소모되는 시간이 퍽 길 것임을 알지만
나는 탈진하지 않습니다
바람을 메운 흙살
뭉텅, 갈빗대가 하얗습니다.

병상일지 4
— 두번째 응급실에서

뿌리를 드러낸 아름드리 잣나무 찢긴 가지에 바람이 누런 수의를 입히고 있다. 직립으로 죽어가지 못하는 설움 몸에 밴 소리를 털어내고 그 위태로운 중심에 나이테를 고정시킨다.

겨울 가뭄으로 건조주의보가 시시각각 불 소시개를 염탐하던 날

두 번째 응급실 침대에 누웠다. 순간 조각조각 찢긴 흰 이파리가 수렁 같은 의식을 열고 돋아난다. 깊고 서늘한 심장에서 발효한 시큼한 울음소리를 심전도 측정기는 폐기될지 모를 낱낱의 낙인을 스르륵스르륵 이파리에 판독하고 있다 가물거리는 나는 어느 시집 속의 빛바랜 낙엽이 되었다 언뜻 스치는 바람소리, 서로를 소통하였던 바람과 이파리, 전생에 나는 바람이었던가 눈꺼풀 속으로 캄캄이 젖어오는 혼미한 의식, 깊고 깊이 침묵하며 가라앉는 나이테 사이로 저 만치 훌쩍 내 손을 놓아버리는 바람 눈 밖으로, 귀 밖으로, 입 밖으로, 내 항문 밖으로 다 빠

져 나갔지만 맥없이 파닥거리는 온기가 있다 울컥울컥 솟구치는 핏덩이를 삼키며 바람이 부활한다

풀기 하나 없는 익명의 기호들이
조목조목 박힌 응급실 침대에서 가물거리는
나이테 혈관에 수액이 흐른다.

고독, 그것에 대한 해명

원고지 위에 뚝뚝 떨어진 시퍼런 고독
그 뒷모습을 바라보다가 눕다가
소주이거나 혹은 맥주이거나
그렇게 그리워진 입술에 이파리가 돋는다

서늘한 빗방울 그리워한다

이 세상 가장 후미진
어둑살이라고는 걷히지 않는 마음속 문지방
이 문지방에 걸터앉음이야
기다리는 편지처럼 너를 생각하기에
이만한 장소 어디 있으랴
이제사 고요히 철들어 사라져가는
이미 사라진 것의 뒷모습이 서둘러 수평선이 되었으므로
몇 척의 돛단배가 너를 부축했으므로
비장한 소주잔은
알뜰한 고독의 해명解明

그 심장에 핀 환한 꽃

그래서 떨어진
　　　　떨어져 휘날리는 꽃에 관하여
새로운 사실이 없는 여느 새벽마다 파도가 바람처럼 피는
바다로 간다
뒤척거리는 거룻배 한척 띄우려
그것이 너에 대한
　　　　고독에 대한 해명이다.

손

TV에서 세계사진보도전을 소개하고 있다

주름으로 칭칭 동여 매듭진
깡마른 굳은 손 하나
흑백사진 속에 박제되어 있다

흙빛 옹이가 고스란히 박힌 마디마다
견고한 문지방 닮은 한 생애가 펄럭인다
저리 고운 행간
사이 사이 배여 있는 둔탁하고 애절한
들숨과 날숨

사진들은 세월을 너무 오래 지니고 있었다

손등에 얹힌
툭툭 불거진 저 힘줄은
얼마나 거추장스러운 버팀이었던가
홑이불 속에 결박당했던 신음소리가 조금씩

소진될 때 손은 고독처럼
가슴 벅찬 연주를 시작했으리

마른 우물 같은
쓰디쓴 뭉툭한 표정이 자막으로 흐른다

섬광의 노래

— 사북탄광에서

억겁 세월이 생매장된
화석 아가리 속을 무게차가 덜컹거린다
빛마저 돌아누운 순도 높은 밤길

그 어둠의 식도에서 담즙이 역류한다.

떼죽음 당한 불을 캐고
어둠을 캐고 빛을 캐어,
삶을 제련製鍊하는 섬광閃光의 노래
캄캄한 길 막장에는 출구의 음율이 없다

칠흑 그믐을 들이키고
무거워진 허파는 유산된 꿈을 기워
욕창의 밥그릇을 채운다

사방이 불더미였다
죽은 자의 더미
길이 없다

어디로 가야 하는가
처와 딸, 아들이 있는 길
진폐증에 걸린 길이 저 멀리서 쿨럭인다

사택 아궁이의 불은 사그라들고
광구鑛口에서 들리는
가파른 절규 한 점 수묵水墨으로 쐐 치고 있다

쇼핑카트를 밀다

한글과 유사한 발음이라 여겨서 지은 것인지 그 의미가 분명치 않은 E마트 그 충만하고 비옥한 유혹의 미로에 들어서는 순간 요구하는 한 잎 동전 그것으로 칭칭 동여진 사슬을 풀 수 있다 얼마나 많은 노동의 동지들이 이 묶임을 풀고, 묶었을까 지역 경제를 깡그리 수탈한 자본으로 노조의 城을 허문 그 오만함 앞에 나는 몇 날의 허기를 메우기 위해 쇼핑카트를 민다.

지나는 통로마다 자본의 풍요로움
이 앞에서 풀죽어 꺾인 노동의 기세 얼마였을까
팽팽하게 부푼 행사 도우미 젖가슴처럼
그렇게 부푼 지갑만 있다면야
그렇다면야
저 소비를 유혹하는 도우미 종아리들 못 흘기랴
늘 쥐꼬리만한 부족함
자본의 고통 앞에 무너지는 허기여
막 구워낸 빵
향긋한 냄새의 시식이 유일한 위안이 되는

자본의 단세포 나의 노동이여
현란한 자본, 그 번뇌의 경계를 지나
가쁜 숨 몰아쉬며 기어오른 무게를
스륵스륵 판독하는 예리한 눈초리에 찍힌

소주 2병 1,820
무공해 두부 2,150
우유(팩 하나 덤) 1,950
오이 3개 1,860
양 배추 반통 2,670
진라면(매운맛) 2,250
장바구니 에누리 -50
그 환상적 유혹에 대한 소비는
일금일만이천육백오십원정

허기만큼 무거워진 자본에 대한 궁핍
그 통로를 빠져나오며
고단한 케샤의 힘 없는 목소리

"현금영수증 필요하세요."
순간 울리는 앙칼진 쇳소리 "아니오"
흘깃 잦아드는 노동의 땀이 낯선 카트 앞에 파열한다

가을의 리허설

책상 앞에 앉아 보들레르의 시집을 읽는다
열어놓은 창문으로 기척도 없이 스며든
눅눅한 바람이 나보다 먼저
페이지를 넘긴다

아마도 나는 시詩를 읽고 있음인데
바람은 산문散文으로 읽어 내려는 듯
여름내 소리 하나로 지탱한 매미의 허물이
달빛을 가린다

길고 지루하던
여름날 장마로 피멍이 진 자리에
하늘이며 피어나는 유채색 자막
나는 그 자막을 읽을 기력이 없다

가을 리허설에
비늘 돋은 바람은
기어코 코스모스 꽃대를 세우고

평내역 철길 건널목에
텅 빈 기호 하나가 우두커니 이정표에 기대설 때
나는 또다시 악의 꽃을 품는다.

발신자 표시제한

내가 여직 잠들지 못한 시간
그러나 시각으로 새벽이라는 즈음
창가에 당도해 있는 것은
조용한 안개
그리고 발신자 표시제한의
부재중 울림
천마산 기슭기슭 훑고 왔는지
자국마다 장맛비 촉촉하다
이것으로 가난한 내 영혼의 한 구절은
일용할 허기를 벗어난다
언제고 내가 깨어있을 동안은
두려움에 젖은 눅눅한 메시지
어이하리 헛간에서 깊은 침묵에 빠져 있는
호롱불을 켜다오
그리하여 그 한 구절 마중하리
아 마침내 내가 깨어있음을
유유히 흐르는 안개강은 알리라
이녘 길가에 머문 자그만 소음 한 자락

일출과 일몰에 대한 단상

아침노을이 아름답다고
생각하는 것은
깊은 은둔의 시간 속에 고립되어 보아야
아는 언어일 것이다
가물가물 혼미한 의식의 소실점
그 주체는 언제나 저항이 분명하다
어둠이라는
신이 지어둔 함정이 없다면
만약 그렇다면
아침노을이 붉을 수 있을까
풍경의 동력은 상실될 것이다
때론 유폐되고
강요되는
한 가닥 외로움
그 절망의 절벽 끄트머리에 서본 사람은
저녁노을의 창백한 곡선을 안다
결코 일출과 일몰은
더 이상 순응이 아니라는 것이다

어둠은 차다
저항은 언제나 차가운 피를 요구한다
빈 들판이며
늘 혼자이다
그러나 길이 있다
내내 나의 길엔 태양이 떠오르지 않는다
비로소 무엇인가 깨닫는
해진 목덜미에
어둠이 식어 가볍다. 왜 이리 서글픈가

외면

그대와 나
우리는 지금 눈으로는 아무것도 볼 수 없는
사물의 뒤편
마지막 열차가 떠난 간이역에 서있습니다
한 조각 빛마저 뼈를 묻은
낡은 대합실 벽
빼곡한 낙서에서 그해 여름
열기를 찾고 있습니다.
저 깊은 어둠의 골짜기에서
죽지 않고 살아있는
그 물렁한
또는 하얗게 야위어버린 그리움
덜컹거리는 창문은 낙서를 해독하지 못하고
한 획의 싸늘한 기적이
행간을 가로지를 때 마다
우리는 늘 다른 방향에서 하얗게 저무는
새벽을 바라보고 있습니다
수직으로 하강하는

낙서의 만행,

여기 그대와 연락되는 한 줌 전등을 켭니다

지 문

네 문을 여닫을 때마다
그 은근한 통로엔
쉼표도 없는 돌기들이 싸르륵싸르륵
도움닫기가 한창이다
한 단락 흐릿한 행간을 핥는 담쟁이처럼
구불구불 기록된
후미진 미백의 절규
행로를 잃은 것은 오직
무성하게 소출된 그리움뿐이다
막무가내로 화석이 되어가는
내 헛된 지문
그 지문에 그늘이 번진다
곧 잎이 지리라
어둠의 내벽을 향해
한 바퀴로만 구르는 수레 회오리가 일고
사본도 없이 지워진
하얀 지문 위에
흠칫 붉은 노을이 머문다.

바람을 빗질하는 김C

신당동 중앙시장 안 골목

좌판 위 얼레빗 사이로
가지런히 빗질된
바람 무늬를 옴팍지게 가슴으로 밀고 있는
김C, 그 앞에서
바람이 두런거리면
완강한 다리는 헐렁한 잠언이 된다
살면서 얼마나 무르팍 꿇는 일
그리 많았으면 앙상한 길에
나부끼는 깃대가 되었을까
위태롭게 좌판 위에서 흔들리는 플라스틱 바구니
푹 꺼진 허기가 풍선처럼 부풀고
잃어버린 다리관절의 울음통이 되었다

좌판 바퀴 구르는 소리에
구겨 넣어진 찬송가가
텅 빈 위장처럼

후줄근한 테이프를 재생시키고
오소소, 생生의 미궁을 더듬는
바람을 빗질하는 김C
그 가슴엔 한 두릅 길이 가물고 있다.

바닷가 모텔

모든 방은 수평선을 배경으로 배치되어 있다.
5월의 방은 늘 비어있고
무심히 찾아드는 파도소리가 테라스에 유물처럼
웅크리고 있는 추억을 툭툭 건드리자
짜디짠 기억들이 푸석 주저앉는다
다시 인화하고 싶지 않은 캄캄한 포구는
기어코 거대한 암실이 된다

하얀 소금 이끼에 절여진
정박할 수 없었던 배경,
손님이 없는 사진관 암실에서 이슥토록 현상되고
풍경은 언제고 바다로 출렁거린다

이미 삭을 대로 삭아버린
그 해 5월의 풍경은 표구되지 못한 채
한 줄 시구詩句가 되었다

모든 추억을 무책임하게 장악하고 있는 바닷가 모텔

밤새도록 그 내력을 밝히려는
포구의 파도 소리만 하얗게 슬고 있다

어느 죽음
— 야생 고라니

아침 출근 길,
100km/h, 아니 죽음/h 속도 위에
속을 환하게 펼쳐 놓고
아침햇살을 주워 담고 있는
죽음이 있다

허연 속살 거침없이 핥은
붉은 신호등은 기어이
이편에서 저편으로 건너는 길 하나를 지웠다

골목의 끝, 그 끝에는
늘 출렁이는
육질 좋은 길이 있다 길이 삼키는
서늘한 죽음위에
납작이 엎딘 만찬이 끝나면
성성한 발톱을 고르는
하얀 이빨
풍경은 언제까지 처절한 속도에

죽음을 펼쳐 둘 것인가

고라니 배에 핀

선혈의 꽃, 언뜻 나비가 스친다

늘 오독誤讀하는 발음

밤새 내게 들락거린 길 하나를 주웠다
바람이 숭숭 배여 있다
허술한 갓길
서툰 코스모스를 흔드는
사치스러운 소리가 있다. 내가 늘 오독하는 것은
막연하게, 때론 죽음처럼 편안한
거칠지 않은 발음이다
가을건이 끝난 곳간처럼
언제나 빼곡히 다물어진 입술은
소리를 낭비하지 않는다.
발음이 빼곡한 길,
길은 언제나 꿈틀댄 흔적이 있다
가을을 더듬는 앙금 같은 소리가 염해놓은
입술 속 나지막한 발음,
그 발음을 혼자 눈뜬 오늘 아침에야 알았다.
늘 誤讀하는 것이
그것이 그 · 리 · 움 이라는 것을

미역

— 생일날 아침

푸른 유월은 문門이었고 그 밖엔 길이 있다
바람과 볕에 촘촘히 그을리는 동안 바다 무늬는 뼈가 되었다

단단하게 여민 마음을 풀어놓고 철썩이는 파도소리
그 선명한 기억을 털어내고 있다 지느러미가 일궈놓은
물살은 모래 더미처럼 쌓여 소금기 섬섬한
실어증에 빠졌다
쏟아지는 수돗물아래 올올이 풀어지는 갈매기 울음마다
바다가 넘실댈 때 울컥, 파란 포말이 싱크대에 인다
바닷바람 수의를 입고 미이라가 된 미역처럼 나 또한
바람 수의 걸치고 스스로를 건조시킨다
어떤 유혹에도 주저앉지 않으려 바랑 가득 가시돌기 챙겨
얹어, 그 시詩의 혈육 찾아 떠나는 길
이아침 푸르게 꿈틀대는 바다이고 싶다.

문득, 미역국속 에 어머니 해변이 뽀얗다
오늘은 당신의 노고에 대한 삯을 치룰 날입니다 어머니

제4부

양말을 신을 때면

비정규직

반대가리* 노동을 마치고 온몸에 바람소리 챙겨 넣은 한 사내
시장골목 정육점에서 삼겹살 한 근을 산다. 바람이 푸석한 일회용
비닐장갑을 낀 여주인이 주검의 일부를 저울에 얹자 버거운 듯
저울바늘이 파르르 약속된 수평을 지나친다

난파하는 배 키를 잡듯
재빠르게 낚아채는 여주인 손길,
넘친다고 덜어낸 고깃덩이 무게만큼
사내의 반나절이 지워진다

주검에 대한 예의도 없이
무게를 내린 저울 수직으로 침묵한다
수평은 어느 때고 그의 몫은 아니었다

저울 앞에서 비로소 제 무게를 알아차린 사내, 골목은

천근의
흙터를 남기고 저울대가 된 사내 팔에 벼랑이 곧추선다

고작, 인간의 약속은
넘치면 들어내고, 모자라면 보태는 것,
버거운 영혼 빈 발자국을 따라가는 내가 아프다

---

* 노동현장에서 반나절만 일할 때 사용하는 용어.

양말을 신을 때면

아침이면 습한 기억들 틈에서
선뜻 외면할 수 없는 두개의 길을 본다
다섯 늑골, 앙상한 뼈 곧추세워 디디면
단단하게 조여 오는 시간이 수직으로 버틴다

출근길 양말을 신을 때면
두 길의 함정
갈등의 구조가 선명한 어제와 다른,
또 다른 길 앞에 더듬더듬 발자국마다
길이 열린다

한번 엇갈리면
어제의 내력은 무성한 소문이 되는 두 길
씨감자 순인 듯 생생히 눈뜨는 새벽
서로의 중심에 다가설 수 없는
그 길에서
팽팽한 절망이 추락하는 소리를 듣는다

그들은 달빛에도 불씨를 살린다

동네 어귀로 뚜벅뚜벅 걸어 나와 담벼락에 기대선 가로등
노동에 지친 그림자 순산하려 촉수 얕은 알전구는 하혈을
시작한다 서로 어깨를 기댄 촘촘한 모눈종이 닮은 창마다
불씨를 품고 미로 같은 골목길 지나는 흰 바람
이슬에 열린 불씨를 턴다.

세상아 그들도
누군가의 가슴에 불씨를 살릴
불 쏘시개이고 싶어한다

어둠에 어리숙한 언덕배기 구멍가게에서 소주를 샀다
밤마다 죽음에 가 닿는 꺼질 듯 아스라한 일용의 삯
그들은 희미한 달빛에도 불씨를 살린다
귀뚜라미 푸른 송신도 끊긴 출구 없는 신용불량터널에
갇혀 유배의 잠을 청하는 공복으로 허전한 저들을 깨워
허물없이 위로의 잔을 돌리고 싶다

캄캄히 여문 벌집 밖에 서서

목구멍으로 터져 나오는 "좆 같은 세상"
순간 닫혔던 마음의 동공에 별빛이 스민다.

실금간 담벼락을 아귀차게
움켜쥔 담쟁이 이파리에 허공을 찢는
호각소리 닿으면 지옥도 멈춰 서리라

고등어

시장 입구에서 한 사내가
익숙한 솜씨로 푸른 혓바닥같이 달라붙은
불씨를 털고 있다

살 마디마다 짙푸른 가시를 나이테로 묻은 고등어
짓무른 눈 넌지시 뜨고 내리는 비 사이 수평선을 바라보고 있다
그리워보면 안다
그것이 눈을 얼마나 짓무르게 하는지…

끔찍한 IMF 절벽의 숲에서 웅크렸던 사내는
노련한 칼잡이가 되었다
찰라에 내리친 칼끝의 묵직한 힘, 도마를 파고들어
고등어 영혼을 묻는다
빗소리가 삼킨 것은 떼지어 다니던 동행의 언약이었을 것이다

한 줌 흩뿌려지는 알 굵은 소금 점점이 안개꽃으로 질 때

훅, 풍겨오는 사내의 꿈 빗물에 맺히고 비닐봉지에 담겨
총총히 떠나는 고등어 영혼 일생동안 관통한 바다에 잠
긴다.

낯선 길을 떠나는 한 생生
그 무게가 버거워 가늘어지던 빗줄기
다시 한 번 시장 바닥에 파편을 튀긴다

여직, 가시에 살도 피우지 못한
간 배지 않은 내 시詩에 어둠이 파닥이고

등잔

어머니는 성능 좋은 감시카메라 모니터를 응시중이다
오메가급 카메라는 내 학습 공정의 진행상황을 계측제어
창호문에 송신중이다 나는 일등으로 셋팅 된 연마기였다

지금의 나는 그때 염기서열 유전인자를 이식 받았다

내가 새가 될 수 없었던 이유가 있었어 바람도 어머니의 보안시설을 통과할 수 없었지
깜박이는 호롱불은 즉시 어머니에 의해 모니터링 대상이 되고
기척도 감지하는 소음 탐지기가 작동되고 있었기 때문이지
어머니 달팽이관은 아버지 헛기침 소리로 품질 인정을 받은 상태라
나는 수없이 쥐새끼가 되었어, 그 아이가 미치게 보고 싶었거든
그때마다 미친 듯 짖어대는 무쇠 돌쩌귀 센스에 감지되어
어머니로부터 "쥐새끼같이 어데 가노" "기말시험 1등 했

드나"
  내 피앙새는 그러는 사이 날아갔지

  위험물 저장고였던 등잔 안
  부러진 바늘로 열등의 세월을 낚는 사이
  어머니의 감시카메라는 멈추어있고
  등잔 심지는 어머니 잔영처럼 바스락거린다

방패연鳶

서울 무형문화재 지연장紙鳶匠 노유상옹의 공방
평생 바람에 기대어 서성인 노인 영혼이 설몃 방구멍*을 지난다.
네모난 한지 위엔 새의 영혼이 푸드득 깃을 치고
머릿살 허릿살 가윗 가윗 누워 허공을 꿈꾸면 장살과 중살
한 생애 일탈을 엿보고 있다
날으라
자유의 날개 쉼없이 저어
넉넉한 품 하늘로 가라

* 방구멍— 방패연의 가운데 뚫린 구멍.

민통선 서장

하릴없는 철조망은 강줄기 후미진 곳에 검붉은 녹을
뚝뚝 떨구고 있다.

곧추선 대간의 동맥을
탱탱하게 발기된 서슬로 찢은
바람 빠진 풍선 같은 저 물렁한 철책
이제 더 이상 경계의 벽이 아니다.

굽이치던 임진강 긴 호흡도 잠시 멈추고 무성한
핏빛 슬픔은 미루나무 이파리의 書狀이 되었다.
앙상한 뼈대만 남은
긴 구호들의 뻣시디뻣신 함성
우리의 소원은 여직 이루어지지 않은
냉정한 불모지였다
바람이여
텅 텅 긴 채찍 휘둘러
살아있는 온갖 상징
저 꿈틀대는 상징들을 모조리 몰아내고

빛 바랜 후미진 창가에서 여직 헤매이는 허망한 것들
그들의 눈앞에 대낮에 꿈길인 듯
애가지에 떨고 선
피비린 지도 한 장 거뜬히 펼쳐두자

길

— 금강산 가는 길

오래도록 끊겨 있던 그 길에
발자국이 돋는다.

붉은 녹, 푸른 이끼 삭혀 묻은 길
한겨울 눈보라 켜켜이
들쳐 업은 으슥한 언덕
댓돌 위에 가지런한 흰 고무신 마냥
자박자박 발자국이 돋고 있다.

금강산 문발, 저 창호에 피어오르는 빛

그 빛, 점점이 새어나오면
조국의 하늘 환해지리니, 그 믿음이 있으니
낯선 듯 짖어대는 저 건너 개소리
바지랑대 걸어두고
가는 길, 길마다
돋는 발자국 보아라
그리하여 그 길이 그림자 아님을 알리라

이른 아침 굴뚝에서 피어나는 연기를 보아야
길이라 하지 않겠는가.

50년 자진모리 긴긴 설움 한 가락
그렇게 풀린다면
여태 빈 길, 발자국마다
환하지 않겠는가

월경越境하는 일

삼엄한 빗금을 지나는 체험은 그 경계의 철책이 너무나 평온한 일상이어서 나는 밤마다 낯설지 않게 월경한다. 하얀 호루라기소리는 누이가 썼던 그날의 기저귀 같은 것.

(내가 초등학교 시절 —반공을 국시의 제일로 삼고 반공 태세를 재정비 강화하고— 남들보다 암기력이 좋아 혁명 공약을 달달 외우는 것은 청소당번에서 늘 제외되었던 기쁨도 있지만, 반공을 잘하는 일, 그때는 혁명공약을 잘 외우는 것이 반공하는 것이라 여기었다)

경계를 넘어서는 일, 경계는 죽음과 가까운 피의 직접개념이었다.

이 완고함을 주목해야 한다

무의식에 잠복되어 공포를 증폭시키는 누추한 베일을 벗기고 자유롭게 월경, 배설하여야 한다. 결코 경계는 이국적이지 않다

나는 밤마다 붉은 꽃에 취해 자유로워진다. 월경은 내 자유의지의 힘을 여지없이 증명하는 바다이어서 새벽마다 발기하고 두려움 없이 포섭된다.

귀휴歸休

— 홍천 장재울 778 고지 유해발굴

덤불 아래 한 무더기로 피어
시효가 지난 풍경 너머 소풍가는 날갯짓이 있다.
여태 눅눅하고 해진 군화도 벗지 못한 채
가슴 가득 우화를 깨알같이 품고
누이 손 잡으러 허물 벗은 나비
나비가 난다
애벌레처럼 모질게도 뒤척이던 품
그 품은 이념 풍경의 한모서리에 낙엽이 되었지만
그러나 그대 날아오르시라
숱한 소문만 무성한 한여름 들꽃
비굴한 꽃대를 세우고
흑백 무성영화처럼 지워진 그대 계급장은
조국을 구겨쥔 아귀의 힘에 저항하고 있음이여
한줌 가루로 품어 지탱할
의지를 상실한 이 조국, 어디 그대에게
무덤이 될 수 있던가요
여름 한나절 날개 접고 쉴 꽃대인들 흔하리오만
하늬바람에 하늘거리는 원추리꽃에라도

흔들리며, 흔들리며 쉬어
소풍 다녀오시라. 내가 그대 하얀 뼈가 되리니
우리에겐 피아彼我가 없듯이
칠천만 겨레와 한 올도 다르지 않은
그대는 민족의 DNA, 나비입니다.

외줄과 밧줄, 그 수사법

밧줄은 수평을 유지할 때
허공의 부력浮力으로 외줄이 된다.

누런 햇빛 한 가닥에 팽팽하던 무게
그 짐을 내려놓고
애매한 바람 앞에 상심한 늙은이 주름처럼 출렁인다
밤새 신서방 무게에서 벗어난
음녀淫女같이 할딱이는 끊어진 밧줄, 그 헐렁한
심장을 다독이는 것은 끝내 닿을 수 없었던
찰라의 수평 외줄이었다.

외줄은 결코 바람을 태우는 일이 없다
다만, 너와 나를 묶고 묶은 만큼의 거리를 좁힌다.

강이 일렁인다
팽팽히 부푼 외줄의 긴장감
자유를 향해
북녘을 향해

나는 기어코 밤마다 외줄을 탈출한다
수평을 놓치고
수직으로 곧추선 밧줄
올올이 몸을 푼다. 묶인 것은 언제고 풀린다는 것

닭 공장

시위진압용 닭장차 같은 닭차에서 닭이 내린다 새벽을 깨운 죄도 무서운 죄란 것을 알았다 시위대처럼 숙인 닭의 모가지 위로 어둠이 깍지를 낀다 컨베이어벨트 위에 선 닭들이 전향서를 기다린다 그러나 그들에겐 엄지가 없다 사형수 목에 걸린 밧줄이 수직으로 선다 그 시절 보안법 예리한 칼날 앞에 철저히 분리된 p형은 얕은 촉수 갓등 아래 엄지에 붉은 꽃을 피웠으리 컨베이어벨트의 은근한 힘은 원심분리기의 트로이 목마다

철저히 분리된
생生의 마다마디에
다른 이름표를 단 닭,
알몸이 부끄러운 듯 닭살이 돋았다

전향서에 꾹 누른
p형의 지문에서 닭살이 돋는다
제 몸에 무덤하나,
얼음 무덤엔 봉분이 없다

죽서루 대숲

죽서루 절벽 내밀한 누각이 올라앉은 바위틈에 텅텅 댓소리 울리던 오십천 바람은 간 데 없고 댓닢만 희누릇 땡볕에 그을리고 있다.

관동일루關東一樓에 걸린 편액과 현액도 서서히 혈맥을 탕진하고 죽어가는 대나무를 외목도리*로 받치고 있다.

저 지독한 놈 텅 빈 속 마디마다 대금소리 여며두면 쌍골죽雙骨竹이 되려나.

문득 심상치 않은 기억하나, 단 한번 뽑히지도 휘지도 못한 채 검버섯 피운 아버지 쇠골의 가죽 들치고 진통제 주사바늘 디밀었던, 슬픈 골목 달팽이관엔 함경도 원산 고향이 사리를 틀고 있었다. 점점 찰지게 여물어 가던 남북공동성명 그 메아리가 잦아들기도 전 하얀 뼈로 굳어버린 틀니, 틀니가 수북 쌓아놓은 말言, "가고 싶다."

하얀 바람으로 반쯤 기운 대나무는 수북이 무엇을 쌓아둘까. 철새가 난무하는 세상에 절개의 城을 쌓는 그렝이질** 한창이다.

槪節槪

節槪節槪

節槪절개節槪

節槪節槪節槪節槪

---

* 건축에서 포작 바깥에 서까래를 얹기 위해 가로 얹는 도리를 이르는 말.

** 초석을 수평고름질하지 않고 울퉁불퉁한 상면이 모양에 맞도록 기둥뿌리를 깎아 맞추는 건축 방법.

주홍글씨
— 5.18에 부쳐

상처가 깊으면 향기는 더욱 선명합니다 오월에 툭… 붉디붉은 꽃망울 떨군 님은 동백이셨습니다 어디, 다 피우고 진 꽃이셨던가요. 먼 기억으로도 풍화될 수 없는 이미지 그 자유의 무게 이기지 못하고 빛 고을에서 진 님은 이제, 이 숲에서 전설이 되었습니다 이랑마다 구비치고 넘친 민주의 하얀 향기, 그리고 상처단 한 번도 넘친 적 없는 스스로의 일렁임이며 고요입니다 넓은 풍요에서 깊은 침묵으로 때론, 분노를 노래했습니다 고스란히 슬픔도 기다림도 하늘 담아 짙푸른 빛 향기 오월엔 더욱 선명합니다. 하얗게 비어 선연한 망월의 숲, 그 숲엔 그리움만 가득합니다

비무장지대

더 없이 넓은 공터
그 공터에 북쪽에서 물소리 흐르고
　　　　남쪽에서 새소리 돋아도
서로 부딪히지 않는데
　　　　말言과 말言이 부딪히고
　　　　마음과 마음이 부딪혀
구불구불 칡넝쿨은 풋 생각이 치열하다.
문득 수직으로 짱짱한 틈
공터에 팽팽한 거리가 생긴다
여직 이곳엔 묵직한 적막이
완강한 고집과
다듬지 못한 희끗한 구호를 편직編織하고 있다
곧게 뻗은 가지 하나 키우지 못한
터, 서해바다가 출렁인다.
바람무늬 움켜쥔
새 한 마리 무게를 느낄 수 없는 공터

벽에 핀 꽃

가지런히 마음 챙겨 떠난
네가 떠나며 옮겨온 벽은, 그 벽에 박힌 못
밤마다 조금씩 허공을 움켜쥔 모가지엔
이젠 젖지 않을 장미와
그 사이사이 음부의 까칠한 털 같은
안개꽃이 삐죽삐죽 곁가지를 떨구고 기별이 없다.
젖을 수 없는 꽃
건드리면 견딜 수 없이
바스라지는 저 허물,
어둠을 딛고선 저 시간들
떠난 향기의 예리한, 그 뾰족한 가시 끝에
눈길 닿을 때마다 문득 내가 찔린다
독한 상처 속에 웅크린 저 소리
그것은 너 떠나고 남은 발자국소리다.

개망초꽃

시루에 노란 고명 흩뿌린 유화 같다
겨우 두 해를 살아내면서도 국화를 빼닮은 가을 같다
흙먼지 뒤집어쓴 황톳길 섶에서도
꽃대를 밀어 올리는 넌 평화주의자
화해의 상징, 남아공 만델라 같다
그러나 그는 평화를 가장한 전쟁의 수탈자
지배자일 뿐이다.

빈터는 그의 볼모가 된다.

뿌리는 질긴 군화발이다
무자비한 씨방 미사일, 모든 공터는
그의 영토 확장 야욕에 섬섬 초토화된다
그는 집요하게
피지배자 토종의 뿌리에서
양분을 수탈하여 온몸 연모緣毛를 두른 병정이다

250여 재고 씨방을

이라크 사막에서 잃어버린 어린아이
양팔에다 심고
이고 진 레바논 피난 행렬에
기총으로 난사하는
그는 북아메리카 토종이다.

너로 인해
어둠 끝을 헤치고 나온
조국강산이 운다.
세계 곳곳이 슬프다

어느 지하도의 허기

따가닥, 따가~닥
삐딱한 몸뚱이로 비틀거리는 하이힐 소리가
한 노숙의 선잠을 깨운다.
누더기 같은 바람이 지하도
쉰 알전구를 슬쩍슬쩍 깨우며 사내를
연신 삿대질하고
신문지 한 장, 그 엽기적인 공간이
우악스레 사내의 불알을 움켜쥔다.
부르르 회오리처럼
거슬러 오른 취기의 어린 여자 미니스커트 아래
육감적으로 휘청거리는 다리
발기한 허기는 뜨악하게
잉크냄새 물씬한 광고모델을 툭툭 건드린다.
언제부터인가
도시는 밑줄 좌악 그어진
푸른 허기를 위해 장작을 지피지 않는다
낡은 지하도 녹슨 아가리는
추락한 자들의 잠꼬대가 되어

그 안의 허기는
그 풍경 밖에서
미동도 없이 버둥대는 껍질이 되었다
도시는 또 한 사내를 추락시키고
허기를 복원할 수 없는 도시
지하도의 허기는
보호색이 없다.

【 해설 】

품과 덤의 시학

임동확
(시인 · 한신대 문창과 겸임교수)

시가 자주 중심보다 주변을 주목하고, 웅변보다 침묵을 선택하는 것은 각 개인마다 그 어떤 집합적 내면성으로 환원할 수 없는 그만의 내면성이 있기 때문이다. 일반인과는 다른, 유별난 감수성과 삶의 양식을 지향하는 시인들의 경우에 더욱 그렇다. 그들이 화려하고 강력한 힘을 지닌 중심이나 웅변의 세계보다 일견 초라하고 힘없는 주변이나 침묵의 세계에 더 많은 관심을 보이는 것은 단지 한 개인의 타고난 성향이나 문학적 취향과 무관하다. 물론 그런 점들을 전적으로 무시할 수는 없겠다. 하지만 그

것은 시가 언어와 욕망, 무의식적인 정체성과 이데올로기에서 자유로울 수 없음에도 불구하고, 근본적으로 그것들을 뚫고 일어서는 어떤 실재와의 만남을 추구하기 때문이다.

시가 화려한 세상과 그저 행복한 삶보다 보잘 것 없고, 한편으로 덧없기까지 한 사물이나 사건에 주목하는 것은, 그러므로 단지 시인의 도덕적이고 실천적인 관심에서만 비롯되는 것은 아니다. 헤겔의 말대로 시는 집단적인 것보다 개별적인 것 그 자체를 하나의 완결된 총체성을 이루기 때문이다. 시적 진리체험은 어디까지나 개별적 삶의 그리움과 슬픔, 외로움과 울음과 관계하기 때문이기도 할 것이다.

1970년대 후반에 등단한 이후 첫 시집을 이미 상재하고 꾸준히 작품활동을 해온 것으로 알고 있으나, 어떤 이유로든 그만 우리에게 잊혀진 늦깎이 시인 박희호 역시 그 예외는 아니다. 이번 시집의 시들로 미뤄볼 때, 대사회적으로 "비폭력 평화주의" 자(「감나무 꿈을 보다」)이며, 개인적으로 "참 지독한 자존심"(「매발톱꽃」)을 가진 시인으로 보이는 그의 시 대부분은 개별적인 어떤 깊은 상실감이나 소외감과 연결되어 있다. 또한 동시에 그러한 감정과 정서들은 서로 소통할 수 없는 것과 필사적으로 소통하고자 하는 의지와 맞물려 있다. 달리 말해, 타자와 간절하게 소통을 원하지만 소통할 수 없다는 사실이 울음이나 슬픔, 외로움과 침묵 등을 낳는다.

외로워보면 알 수 있는 것이 있다
침묵해보면 알 수 있는 것이 있다

붉게 타오르면서도
갓맑은 풀잎 하나 태워버릴 수 없는 화염
외로운 침묵으로 바라보아야
그것이 불꽃이라는 것을 알 수 있다

저 화염은
외로워야
침묵해야
읽을 수 있는 가을 초대장

낙엽, 그 문장을 읽을 수 있다
—「낙엽, 그 문장」 부분

시인은 "외로워 보" 거나 "침묵해보면 알 수 있는 것" 이 있다고 말한다. 특히 "외로운 침묵으로 바라보아야" 한 장의 "낙엽" 이 한낱 사물이 아니라 "불꽃이라는 것을 알 수 있다"고 강조하고 있다. 그럼에도 불구하고 여전히 우린 그 "알 수 있다"는 것이 무엇인지 모른다. 정작 시인 그 자신조차 "그것"이 무엇인지 제시하지 못한다. 다만 그저 "화염" 또는 "영혼"이라고 말할 수밖에 없는, 그 어떤 것들의 "초대장"을 "읽"고 거기에 응하려면 좀더 "외로워"지고 "침묵해야" 가능하다고 말하고 있을 뿐, "그 문장"이 무엇을 지칭하는지 끝내 말하지 않는다.

하지만 시인은 침묵 또는 외로움을 통해서만 가능한, 그러나 필시 그 자신마저 명확하게 알 수 없는 그 무언가를 전하려 한다. 근본적으로 말할 수 없고, 소통시킬 수 없는 것들을 말하고 소통시키고자 애쓴다. 그리고 그 모든 시적 그리움은 여기에서 발생한다. 스스로조차 그게 정확히 무엇인지 모르기에 "어떤 질문도 하지 못한 채" "서러운 묘비명을 쓰"는, "불치의 그리움"(「임하댐, 그 깊은 곳에」)을 앓는 자가 시인이다. 분명 "마음의 축이 흔들리는" 마음의 "갈등" 내지 요동을 느꼈음에도 여전히 "익명"으로 남는 "그리움"(「사진관」)에 시달리는 것이 모든 시인의 피할 수 없는 운명이다. "지금" "우리"의 "눈으로는" "볼 수 없는", 그러나 "저 깊은 어둠의 골짜기에서/죽지 않고 살아있는" 그 무언가를 향해 "연락"하고 다가서려는 움직임이 무정형하고 무색무취한 "그리움"(「외면」)을 낳는다.

따라서 결국 모든 "그리움"은 한 존재가 다른 존재로

"도움닫기" 내지 비약하기 위해 "막무가내로 화석이 되어가는" 과정과 일치한다. 즉 그것은 "어둠의 내벽"으로 대변되는 비평형 상태 나아가는 "헛된" 시도이자 "절규"이며, 그 과정에서 "행로를 잃은" 채 "무성하게 소출"되는 것이 "그리움"(「지문」)의 정체다. 모든 그리움은 서로가 서로에게 원하는 존재가 되고자 하는 열망 내지 열병에서 발생하고 있는 셈이다.

하지만 그 "그리움"은 "언제나 빼꼭히 다물어진 입술" 또는 "가을을 더듬는 앙금 같은 소리"의 형태를 취하고 있기에, 달리 말해 명시적이지 않는 "막연"한 것이기에 늘 "오독誤讀"(「늘 오독하는 발음」)의 운명에 처해 있다. 자신만이 체험할 수 있는 "그 선명한 기억"의 "그리움"을 "언어, 그 시의 혈육"으로 형상화해 보려 하지만, "시"의 "길" 또는 "문"은 그것을 늘 배반하거나 때로 "실어증"(「미역」)을 선사할 뿐이다.

그의 시에 자주 등장하는 '바람'의 모티브 내지 이미지들은 다분히 이와 관계되어 있다. 단적으로 "서로 소통하"기를 꿈꾸며 "전생에 나는 바람이었던가"(「병상일지4」)라는 질문 속엔, 결코 소통할 수 없는 것들과 소통하고자 하는 시인의 욕망이나 열망이 들어 있다. 즉 너와 나 사이 좁혀질 수 없는 거리를 메우는 것이자 세상의 그 모든 존재에 대한 대연쇄의 매개물이자 고리가 되는 것이 '바람'이다.

다시 말해, 모든 시는 이 '바람' 이 일으키는 소동, 곧 한 존재가 가지는 형언할 수 없는 그리움의 기록이자 그 사이를 '떠도는 넋' 들의 하소연이다.

그의 왼쪽 눈썹이 지긋이 감기면 조준경 안 풍경이 순간 움찔한다
눈꺼풀 속으로 빨려 들어간 붉은 나뭇잎
이파리의 배후에 바람이 인다

영점에서 비껴간 중심은 하늘을 추락시키고
추락한 하늘은 어둠의 미이라가 된다
서서히 눈을 뜨는 박제된 죽음, 그 안에 멈춘 시간이
기어코 검은 표적이 된다
조준보다 더 빠른 속도로 바람이 지나가고
그의 야윈 시간은 궤도를 따라 어둠의 알리바이를 추락시킨다
몰입된 화면은 닫히고
검지의 힘에 밀린 바람은 한 풍경을 허물고
쓸쓸한 배후를 완성시킨다
—「가을 저격수」 부분

이제 '저격수' 로 변신한 시인인 "그"는 "조준경"을 통해 "붉은 나뭇잎"을 겨냥한다. 그리고 "그 안에 멈춘" "검은" "시간" 혹은 "박제된 죽음"을 "표적"으로 삼는다. 하

지만 그 "조준"의 "순간"보다 "더 빠른 속도로" 지나가는 것이 "바람"이다. 어떤 면에서 "바람"은 "몰입"하여 얻는 정지된 "화면"을 뒤흔드는 방해자인 것이다. 하지만 그 "이파리 배후에" 이는 "야윈 시간"의 "바람"은, "영점에서 비껴간" "추락한" "하늘"과 "미이라"로 변해버린 "어둠"의 세계를 복원시킨다. 비록 "검지의 힘에 밀린 바람"이 "조준경 안"의 "한 풍경을 허물"지만, 또한 그래서 "쓸쓸"한 감정을 선사하기도 하지만, 그 소동으로 인해 한 시적 사건의 "배후를 완성"시킨다. 예기치 않는 "바람"의 간섭 또는 방해로 인해 "그"는 새로운 생명력 또는 타자로의 비약을 맛볼 수 있는 것이다.

자주 그의 시에서 확인되는 '길' 역시 '바람'의 물질화 내지 공간화다. 먼저 "길"은 예의 '바람'처럼 "서로의 중심"에 "다가"서려 하는 매개물이다. 주로 '바람'처럼 든 정체된 현실 또는 현상의 타개와 관련되어 있다. 하지만 '바람'이 창조적 영혼의 자유나 욕망과 같은 다소 관념적이고 추상적인 성격의 것이라면, "길"은 현실적이고 구체적인 "갈등"과 "절망"과 밀접하게 연관되어 있다. "한 번 엇갈리면" "어제의 내력이 무성한 소문이 되는", 이른바 세인世人들의 구설수와 "함정"(「양말을 신을 때면」)에 빠져드는 삶의 경험과 경계와 연결되어 있다.

그런 만큼 그의 시에서 "길"은 마냥 긍정적이지 않다.

대체로 "처절한" 삶의 "속도"로 무장된 그 "길"은, 이동통로가 차단된 "고라니"를 삼키는 "육질 좋은" "죽음"의 "길"(「어느 죽음」)과 접속되어 있다. 또한 "끔찍한 호스가 식도"의 "구석구석을/헤집고" 다니는 것과 같은 극심한 고통의 "길" 또는 "애닯은 생존"에 대한 "집착의 끝자락"(「병상일지 2」)과 이어져 있다. 일반적으로 '길'의 이미지가 삶의 과정이나 모험에 관계되어 있는 것이라면, 시인인 "나의 길"은 "태양이 떠오르지 않는" "절망의 절벽 끄트머리" 또는 "나"와 마주한 "풍경"이 그 "동력"을 "상실"(「일출과 일몰에 대한 단상」)한 것과 밀접하게 연결되어 있다.

하지만 "허덜난 시간을 견디는 생의 종착역"과 이어진 "길"에도 그것의 "중력을 버텨낸" "품"이 자리하고 있다. 그리고 그러한 "길"의 인색한 부산물이라고 할 수 있는 "품"은 "절정의 폭력자"처럼 마구 "생"의 "길"을 "달"리거나 "가속"했던 "기억" 뿐만 아니라, "누구에게나" 한 번은 경험했을 법한 "생의 절정"을 선사한다. 특히 "속도의 전율"을 "잃고 버려진 후에야" "생"겨나는 "품"은, "줄줄이 어둠이 출렁"이는 "왁자한 틈 사이로" 미처 "기억되지 않는" 생의 "깨달음"(「폐타이어」)을 선물한다.

한편으로 "재래시장 노점상 아주머니"가 "덤"으로 건네준 "상한" "자두"도 마찬가지다. ''길'이 '품'을 "덤"으로 선물한 것처럼 "물이 별로 좋아 보이지 않은", "반은 물렁한 자주 "더" "진한 단내"를 "확 풍겨"올 수 있다. "언젠가" "푸석푸석 상"하고 말 "육신"에서도 "영혼이" 제 "몸"을 "떠나는 순간", "덤"으로 "짙은" "넋"의 "향기"(「덤」)를 남길 수 있다. 절망적인 상황이나 어떤 기대나 전망이 상실된 상태가 어떤 존재의 가능성을 단절시키는 것이 아니라, 오히려 그만의 고유한 자신의 존재양식을 현현하는 계기로 삼을 수 있는 것이다.

그러기에 '품'과 '덤'은 결코 중심부나 완벽한 조화에서 오지 않는다. 오히려 "규격품"화 되지 않는 "낡은 가구"의 "삐걱거림" 혹은 "잘 맞추어진 아귀에 엷은 신음 소리마저 제지당했던 틈"에서 잊어버린 "새소리와 바람소리"를 불러낸다. 소유론적 욕망의 관점에서 볼 때 쓸모없이 버려지거나 이용가능성으로부터 벗어날 때, "낡은 가구"는 그동안 "묻혔던 숲의 심장소리" 또는 "싱싱한 울림"(「낡은 가구」)을 들려준다. 평균적인 사고의 세상 사람들의 가치평가나 공식화된 삶의 이목에서 자유로울 때, 시인은 "고단하고 무거운 누더기"를 "걸친" 한 송이 "견우자牽牛子"의 "심장"에서 "쿵쾅쿵쾅" 들려오는 "숨"(「나팔꽃」)소리와 만날 수 있다.

입주가 시작된 남양주 신도시아파트 공터에 구부정한 몸을

벽에 기댄 채 기다림에 지친 피아노 한 대가 서 있다

바람이 드나들 때마다 위태로운 모습, 가만히 들여다보니
다리 하나가 없다. 공터는 언제고 불구의 공간이다

입주를 거부당한
저 오래된 몸에서 통증이 피어난다

언젠가는 모두가 겪어야 할 상처의 유물
우리는 버려질 때
또는 잊혀질 때
바람의 음표, 그 건반 위에 있는 대본을 읽는다
윙윙 폐허의 몸을 핥는
바람은 공터를 무대로 재생의
리허설을 준비 중이다
—「바람의 리허설」 부분

일반적으로 사회혁명가나 개발업자의 입장에서 볼 때 "공터"와 같은 소외와 유기遺棄의 "공간"은 극복이나 해방의 대상이 된다. 정상적인 아닌 "불구"의 "공간"은 배척이나 척결의 대상일 뿐이며, 또한 그래서 새로운 사회 건설이나 이윤 창출을 위한 대상으로 다가설 뿐이다. 하지만 반대로 시인은 그 "다리 하나가 없"는 "피아노"의 "통증"에 주목하면서도, 동시에 "그 건반 위에 있는 대본"을

"읽는다". 오히려 "버려"지고 "잊혀"지는 "폐허"의 "공터"에서 그 "몸을 핥는" "바람"의 움직임을 포착한다.

즉 타자를 욕망이나 억압, 소유와 지배의 대상으로 보지 않을 때, "우리"는 망가진 "피아노"를 통해 하이데거적인 의미의 존재(Sein)의 소리를 듣는다. 소유론적인 반복강박으로 벗어난 시인들만이 버려진 "공터를 무대로 재생의/리허설을 준비 중"인 "바람"과 조우할 수 있다.

다시 말해, 일반인에게 "언제고 불구의 공간"으로 다가설 뿐인 "공터"는, 시인에게 있어 오히려 온갖 차이성을 가진 타자를 맞이하고 환영하는 자리일 뿐이다. 또한 그것은 모든 타자들을 소유나 도구적 대상으로 보는 자리가 아니라, "언젠가는 모두가 겪어야 할 상처의 유물"을 상징하는 "피아노"를 통해 이기적이고 탐욕적인 자아에서 벗어나 "바람의 악보"와 같은 자기의 본래성을 찾는 것이 시인의 주된 임무 중의 하나인 셈이다.

문득 "질척한 알몸에서/바다가 걸어나"오고 "서서히 굳어가는 몸"이 "새가 되어 날아 오"르는 초월 또는 탈자(脫自,ek-stase)의 경험은 이와 관련되어 있다. 비록 한 순간이나마 본질적인 아닌 "파도 거품"이나 "그물 경계"를 넘어 기어이 "바다로 돌아 가겠다"는 "코다리"의 "시퍼런" "요동" 또는 "본능"의 "힘"이 완고한 자아에 갇혀 사는 "나"로 하여금 "수많은 나비들이" "날"기의 "신호"(「코다리」)를 기다리는 그 어떤 알 수 없는 지평으로 인도한다.

이처럼 거의 모든 시가, 시인이 "속이 텅 빈 것 같은" "외로움" 이나 "적막이 흐르는 상실의 육즙에 중심을 세" 우는 것은 다름 아니다. 설사 시적 주체가 제 아무리 홀로 "외로워지" 려고 해도 "왼쪽 다리에 선명한 바퀴자국을 인정해야" 만 가능하듯, 언제나 타자의 일부가 동일자로 슬그머니 침입하기 때문이다. 어디까지나 자신을 "익사" 시킨 "꿈의 덤불 속" 에서 "허우적대는" 가운데서도 "날선 지팡이" 를 "곧추세우" 는 시인은, 운명적으로 "선사유적지" 로 대변되는 어떤 세계 혹은 머나먼 시간의 지평을 향해 "외등"(「외로워 지는 것도 후유증이다」)을 켜려 한다는 점에서 늘 그 자신으로부터 벗어나 있다. "온갖" "매춘을 일삼" 는 "매밥톱꽃" 처럼 시인인 "나" 의 "눈길" 역시 항상 자신을 초월하여 항상 "비릿한 정사" 와 같은 어떤 "꿈" 의 지평과 연결되어 있다.

하지만 박희호의 시적 지평은 단지 실존적인 지평에만 머무르지 않는다. "그 많은 이름에도 불구하고" 정작 "이름이 없" 는(「청량리동 588-1」) 창녀나 그 "어디에도" "정박할 곳" "없" 는 "지하도" 의 노숙자 "사내"(「신문지 한 장」)에게도 확장된다. 또한 한 평생 망향의 한과 "귀향" 의지를 품고 살았던 "아버지의 고향" 이나 "국가보안법" 이 여전히 그 위력을 발휘하는 "38철책" 선 등의 역사적이고 구체적인 지평으로 확대되어 나타난다.

다시 강조하지만, 시적 욕망은 포착할 수 없는 그 어떤 대상과 관계된다. 또한 시는 특권적인 규범의 중심적이고 정전화正典化된 것보다 주변적이고 변두리적인 것을 추구한다. 그리고 전자는 어떤 면에서 내가 파악하고 접근할 수 없기에 무한한 타자와의 만남을 시도하는 노력과 무관하지 않다. 동시에 후자는 규격화되고 상투적인 세계와의 단절을 통해, 이전과는 전적으로 다른 세계를 창출하려는 시인의 창조적인 열정과 맞물려 있다.

박희호 시인은 그 접점에 있다. 그는 자신의 시가 "추억"의 "틈새마다" "지천"으로 "매달린" "침묵의 내력을 밝히는 4월의 비"와 같은 것이 되길 원한다. "언어가 상실"된 카메라 옵스큐라와 같은 어두운 "詩곳간"과 결별하고, "인화하고 싶지 않는 추억을 포기"하면서 지금껏 "나"의 "등걸"을 짓눌렀던 "집 한 채를 내"리고자 한다. "어둠이 와도 작동되지 않는 가로등 같은 이미지"의 시를 버리고 새로운 삶과 시로의 모험과 도전을 준비하고 있다. 결코 묵은 "그리움"이나 "묻힌 길"을 "사칭하지 않"(「철길에 내리는 비」)으면서.